D1082762

RAWN

BLAZERS®
Bilingüe/Bilingual

MISTERIOS DE LA CIENCIA
MYSTERIES OF SCIENCE

EL MONSTRUO DEL LAGO NESS

EL MISTERIO SIN RESOLVER

THE LOCH NESS MONSTER

THE UNSOLVED MYSTERY

POR/BY CONNIE COLWELL MILLER

Consultora de lectura/Reading Consultant:
Barbara J. Fox
Especialista de lectura/Reading Specialist
North Carolina State University

Consultor de contenido/Content Consultant:
Adrian Shine
Loch Ness Project
Inverness-shire, Scotland

Blazers is published by Capstone Press,
1710 Roe Crest Drive, North Mankato, Minnesota 56003.
www.capstonepub.com

Library of Congress Cataloging-in-Publication Data
Miller, Connie Colwell, 1976-
[Loch Ness monster. Spanish & English]
Monstruo del Lago Ness : el misterio sin resolver / por Connie Colwell
Miller = Loch Ness monster : the unsolved mystery / by Connie Colwell
Miller.
    p. cm.
Includes index.
ISBN 978-1-4296-9233-5 (library binding)
ISBN 978-1-62065-216-9 (ebook PDF)
1. Loch Ness monster—Juvenile literature. I. Title. II. Title: Loch Ness monster.
QL89.2.L6M55 2013
001.944—dc23   2011050115

Summary: Presents the legend of the Loch Ness monster, including current theories and
famous sightings.

Editorial Credits
Lori Shores, editor; Strictly Spanish, translation services; Alison Thiele, designer; Eric Mankse,
    bilingual book designer; Marcie Spence, photo researcher

Photo Credits
Alamy/INTERFOTO Pressebildagentur, 16–17
Corbis/Mc Pherson Colin, 4–5; Ralph White, 22; Sam Forencich/Solus-Veer, 28–29; Vo Trung
    Dung, 6–7
Fortean Picture Library, 8–9, 10–11, 24–25
Getty Images Inc./Hulton Archive/Keystone, 20–21; Ian Tyas/Stringer, 12–13; Tom Stoddart,
    26–27
GLOBE PHOTOS, INC., 14–15
Maralyn Shine, 23
Shutterstock/Christian Darkin, cover; Marilyn Volan, grunge background (throughout); Maugli,
    18-19 (background); rgbspace, (paper art element) 3, 19; Shmeliova Natalia, 18 (paper art
    element)

Printed in the United States of America in Stevens Point, Wisconsin.
032012   006678WZF12

TABLE OF CONTENTS

TABLA DE CONTENIDOS

A NESSIE SIGHTING

One morning in 1934, Margaret Munro began work for the day. The young maid looked out the window at the **loch**.

UN AVISTAMIENTO DE NESSIE

Una mañana en 1934, Margaret Munro comenzaba su día de trabajo. La joven mucama miró por la ventana hacia el lago o loch.

loch—the Scottish word for lake

loch—palabra que significa lago en escocés

Suddenly, a huge animal appeared at the edge of the loch. Its long neck held up a tiny head. It had **flippers** instead of legs.

De pronto, un enorme animal aparecióal borde del lago. Su largo cuello sostenía una cabeza diminuta. Tenía **aletas** en vez de patas.

flipper—one of the broad, flat limbs of a sea creature

aleta—una de las extremidades anchas y planas de una criatura marina

Margaret watched as the animal swam back under the water. Margaret had seen the Loch Ness Monster!

Some people think this photo, taken in 1933, shows Nessie turning over in the water.

Margaret observó mientras el animal volvía a sumergirse en el agua. ¡Margaret había visto al monstruo del Lago Ness!

NESSIE DATO

Hay personas que a veces llaman "Nessie" al monstruo del Lago Ness.

Algunas personas piensan que esta foto, tomada en 1933, muestra a Nessie dando vueltas en el agua.

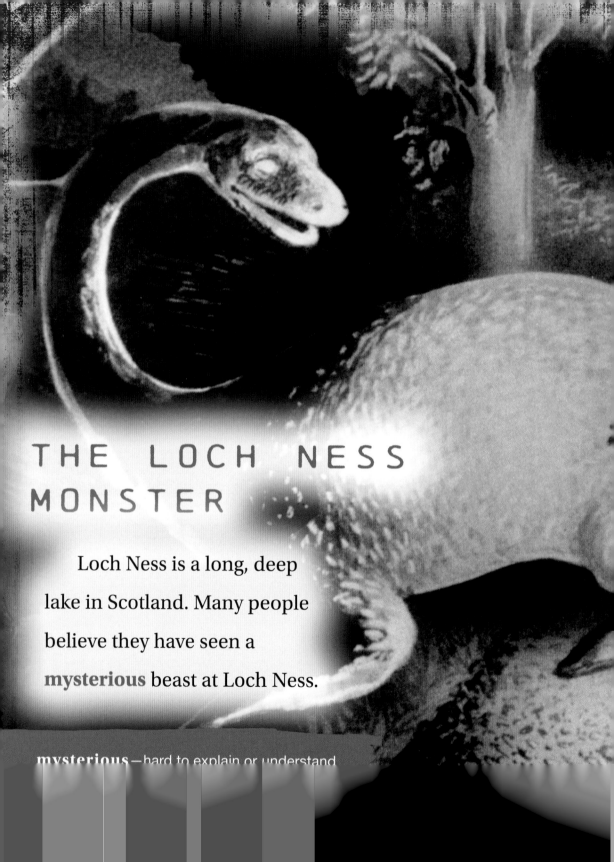

THE LOCH NESS MONSTER

Loch Ness is a long, deep lake in Scotland. Many people believe they have seen a **mysterious** beast at Loch Ness.

mysterious—hard to explain or understand

EL MONSTRUO DEL LAGO NESS

El Lago Ness es un lago profundo y largo en Escocia. Muchas personas creen que han visto una bestia *misteriosa* en el Lago Ness.

NESSIE FACT

Stories of the Loch Ness Monster go back 1,500 years.

NESSIE DATO

Las historias del monstruo del Lago Ness datan de hace 1,500 años.

misterioso—difícil de explicar o entender

Workers built a road along Loch Ness in 1933. Nessie **sightings** became more common as people used the new road.

Se construyó una carretera que corre longitudinal al Lago Ness en 1933. Los **avistamientos** de Nessie se hicieron más comunes a medida que la gente usaba la carretera.

sighting—an experience of seeing something

avistamiento—una experiencia de ver algo

Visitors soon flocked to the loch. Many said they saw an animal with humps on its back. Some said the animal had flippers or a long neck.

The 2007 film *The Water Horse: Legend of the Deep* is about the Loch Ness Monster.

Pronto llegaron muchos visitantes al lago. Muchos dijeron que vieron un animal con gibas en su lomo. Otros dijeron que el animal tenía aletas y un largo cuello.

La película de 2007 *Mi Mascota es un Monstruo* trata acerca del monstruo del Lago Ness.

Some people think that Nessie could be a plesiosaur. A plesiosaur was a large dinosaur that lived in and near water.

Algunas personas piensan que Nessie podría ser un plesiosaurio. Un plesiosaurio era un gran dinosaurio que vivía adentro y cerca del agua.

Many people believe Nessie is a **mammal** such as a whale. Others say that the monster isn't even real.

Muchas personas creen que Nessie es un **mamífero** como una ballena. Otros dicen que el monstruo ni siquiera es real.

mammal—a warm-blooded animal that breathes air

mamífero—un animal de sangre caliente que respira aire

FAMOUS SIGHTINGS

In 1933, Mr. and Mrs. John Mackay reported one of the first modern sightings. They watched Nessie roll in the water for more than a minute.

In 1960, Tim Dinsdale recorded the Loch Ness Monster on film. The creature seemed to be about 15 feet (4.6 meters) long. But some people say the moving object was just a boat.

Arthur Grant said he saw Nessie on land in 1934. He almost ran into Nessie with his motorcycle. Grant said the animal was large and had a long neck.

In 1972, scientist Robert Rines used an underwater camera at Loch Ness. One picture showed a flipper-shaped object. Rines thought the object was about 6 to 8 feet (1.8 to 2.4 meters) long.

AVISTAMIENTOS FAMOSOS

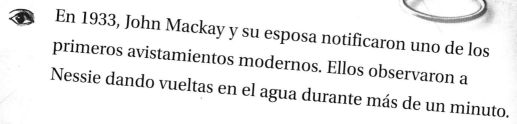

En 1933, John Mackay y su esposa notificaron uno de los primeros avistamientos modernos. Ellos observaron a Nessie dando vueltas en el agua durante más de un minuto.

En 1960, Tim Dinsdale grabó imágenes del monstruo del Lago Ness. La criatura parecía medir unos 15 pies (4.6 metros) de largo. Pero algunas personas dicen que el objeto en movimiento era simplemente un bote.

Arthur Grant dijo que vio a Nessie en tierra en 1934. Él casi chocó a Nessie con su motocicleta. Grant dijo que el animal era grande y tenía un largo cuello.

En 1972, el científico Robert Rines usó una cámara submarina en el Lago Ness. Una foto mostraba un objeto con forma de aleta. Rines pensó que el objeto medía unos 6 a 8 pies (1.8 a 2.4 metros) de largo.

IS NESSIE REAL?

Some **witnesses** have taken
pictures of Nessie. But some of
the pictures turned out to be fakes.

¿ES NESSIE REAL?

Algunos **testigos** han tomado
fotos de Nessie. Pero algunas de las
fotos han resultado ser falsas.

witness—a person who has seen or heard something

testigo—una persona que ha visto u oído algo

In 1993, Christian Spurling said he faked this famous picture. The object was only a toy submarine.

En 1993, Christian Spurling dijo que él falseó esta famosa foto. El objeto era solo un submarino de juguete.

21

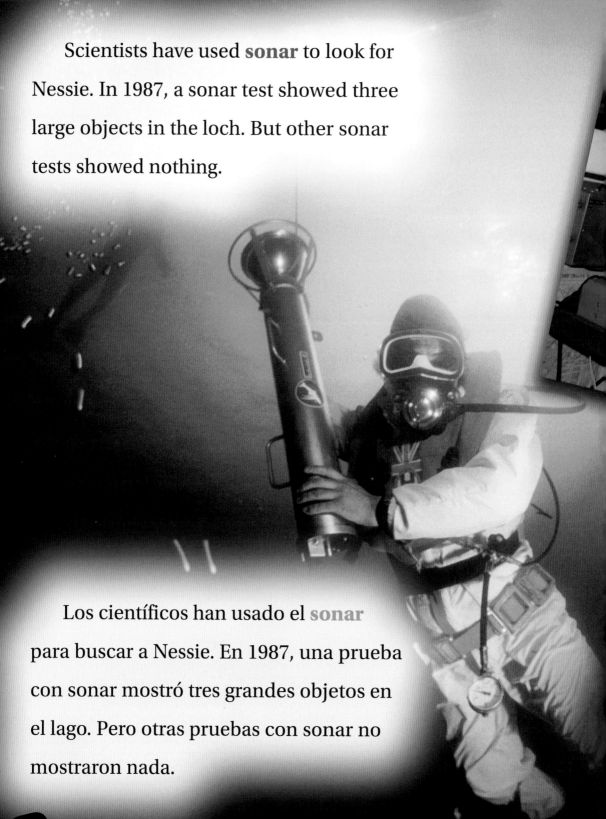

Scientists have used **sonar** to look for Nessie. In 1987, a sonar test showed three large objects in the loch. But other sonar tests showed nothing.

Los científicos han usado el sonar para buscar a Nessie. En 1987, una prueba con sonar mostró tres grandes objetos en el lago. Pero otras pruebas con sonar no mostraron nada.

sonar—a device that uses sound waves to find underwater objects

sonar—un dispositivo que usa ondas de sonido para buscar objetos en lo profundo del agua.

Some scientists think that Nessie might just be floating logs. Underwater waves make logs seem to swim on top of the water.

Algunos científicos piensan que Nessie podría ser solo leños flotantes. Las ondas submarinas transforman la imagen de los leños en algo nadando en la superficie del agua.

THE FUTURE OF NESSIE

Skeptics question if Nessie is real. No one has ever found bones or remains near the loch.

EL FUTURO DE NESSIE

Los escépticos cuestionan si Nessie es real. Nadie ha hallado nunca huesos ni restos cerca del lago.

Some animals weren't discovered until the 1900s. Even today, new animals are being discovered.

Algunos animales no fueron descubiertos hasta la década de 1900. Incluso hoy se descubren nuevos animales.

skeptic—a person who questions things that other people believe in

escéptico—una persona que cuestiona cosas que otras personas creen

People still wonder about the Loch Ness Monster. Only time will tell if Nessie is real.

Las personas se siguen preguntando sobre el monstruo del Lago Ness. Solo el tiempo dirá si Nessie es real.

GLOSSARY

flipper—one of the broad, flat limbs of a sea creature

loch—the Scottish word for lake

mammal—a warm-blooded animal that has a backbone and breathes air

mysterious—hard to explain or understand

sighting—an experience of seeing something

skeptic—a person who questions things that other people believe in

sonar—a device that uses sound waves to find underwater objects; sonar stands for sound navigation and ranging.

witness—a person who has seen or heard something

INTERNET SITES

FactHound offers a safe, fun way to find Internet sites related to this book. All of the sites on FactHound have been researched by our staff.

Here's all you do:
Visit *www.facthound.com*
Type in this code: 9781429692335

GLOSARIO

las aletas—las extremidades anchas y planas de una criatura marina

el avistamiento—una experiencia de ver algo

escéptico—una persona que cuestiona cosas que otras personas creen

loch—palabra que significa lago en escocés

el mamífero—un animal de sangre caliente que tiene una columna vertebral y respira aire

misterioso—difícil de explicar o entender

el sonar—un dispositivo que usa ondas sonoras para buscar objetos en lo profundo del agua; sonar es un acrónimo del inglés que significa navegación por sonido

el testigo—una persona que ha visto u oído algo

SITIOS DE INTERNET

FactHound brinda una forma segura y divertida de encontrar sitios de Internet relacionados con este libro. Todos los sitios en FactHound han sido investigados por nuestro personal.

Esto es todo lo que tienes que hacer:
Visita *www.facthound.com*
Ingresa este código: 9781429692335

INDEX

Super-cool stuff! Check out projects, games and lots more
www.capstonekids.com

ÍNDICE

¡Algo súper divertido! Hay proyectos, juegos y mucho más
www.capstonekids.com